Walther Ziegler

Camus
in 60 Minuten

Dank an Rudolf Aichner für seine unermüdliche und kritische Redigierung,
Silke Ruthenberg für die feine Grafik, Angela Schumitz, Lydia Pointvogl, Eva Amberger,
Christiane Hüttner, Dr. Martin Engler für das Lektorat
und Dank an Prof. Guntram Knapp, der mich für die Philosophie begeistert hat.

Das Gefühl der Absurdität kann an jeder beliebigen Straßenecke jeden beliebigen Menschen anspringen. [1]

Bibliografische Information der Deutschen Nationalbibliothek:
Die Deutsche Nationalbibliothek verzeichnet diese Publikation in der Deutschen
Nationalbibliografie; detaillierte bibliografische Daten sind im Internet über www.dnb.de
abrufbar.

© 2015 Dr. Walther Ziegler
2. Auflage Juli 2015
Umschlaggestaltung und Grafik des gesamten Buches: Silke Ruthenberg
unter Verwendung von Illustrationen von:
Raphael Bräsecke, Creactive – Atelier für Werbung, Comic & Illustration (Zeichnungen)
© JackF - Fotolia.com (Bilderrahmen)
© Valerie Potapova - Fotolia.com (Bilderrahmen)
© Svetlana Gryankina - Fotolia.com (Sprechblasen)
Herstellung und Verlag:
BoD – Books on Demand, Norderstedt

ISBN 978-3-7347-8170-4

Inhalt

Camus´ große Entdeckung

Die philosophische Entdeckung von Camus (1913-1960) ist auch heute noch eine Provokation. Denn wie alle großen Philosophen stellte Camus die Frage nach dem Sinn des Lebens. Doch seine Antwort fiel völlig aus dem Rahmen.

Natürlich wird die Sinnfrage seit jeher unterschiedlich beantwortet. Für Platon ist es das Gute, das die Welt im Innersten zusammenhält; für Hegel der Weltgeist, für Marx der Klassenkampf, für Sartre die Freiheit, für Nietzsche der Wille zur Macht und für Habermas die Entfaltung der kommunikativen Vernunft. Im Grunde gibt jeder Philosoph eine eigene Antwort auf die Sinnfrage. Nicht so Camus. Er hat keine. Schlimmer noch – er gibt eine Antwort, aber diese ist äußerst ernüchternd. Auf die Frage „Was ist der Sinn des Lebens?" entgegnet er schlicht und einfach: Es gibt keinen. Das Leben ist absurd:

In diesem Zustande des Absurden muss man leben. [2]

Doch Camus wäre kein Philosoph, würde er sich mit der bloßen Feststellung der Sinnlosigkeit des Lebens begnügen. Tatsächlich begründete er seine pessimistische Einschätzung mit vielen Beispielen. Zudem nahm er die Absurdität der Welt zum Ausgangspunkt für eine ganze Reihe interessanter Überlegungen. So stellte er unter anderem die radikale Frage, ob man sich angesichts der Absurdität der Welt nicht konsequenterweise das Leben nehmen müsse: Ist der Selbstmord die logische Schlussfolgerung aus der Erfahrung der Sinnlosigkeit? Oder muss man mit dem Gefühl des Absurden weiterleben? Wenn ja – wie soll das gehen?

Camus beantwortet diese Fragen in seinen beiden philosophischen Hauptwerken: „Der Mythos des Sisyphos" und „Der Mensch in der Revolte". Beide Bücher sind essayistisch geschrieben und unterscheiden sich deshalb vom trockenen und analytischen Stil klassischer Philosophen. Camus selbst sah sich ohnehin mehr als Schriftsteller. Seine Erfahrung des Absurden spiegelt sich daher auch in seinen Romanen wider, für die er 1959 den Literaturnobelpreis erhielt. In dem Roman „Der Fremde" zeigt Camus meisterhaft, wie eine einzige, völlig zufällige Begegnung am Strand in wenigen Augenblicken das ganze Leben komplett verändern und aus der Bahn werfen kann. Doch die Entdeckung der Absurdität sowie die Schlussfolgerungen, die er daraus zieht, haben zweifellos auch einen philosophischen Kern. Camus zählt mit Sartre und Heidegger zu den bedeutendsten Vertretern der Existenzphilosophie.

Er kam 1913 als Sohn eines Kellermeisters und einer Fabrikarbeiterin zur Welt und wuchs in der französischen Kolonie Algerien auf. Der Ausbruch des Zweiten Weltkrieges in Europa war für den damals sechsundzwanzigjährigen Nordafrikaner ein prägendes Ereignis. Es schien ihm unbegreiflich, dass nach den Erfahrungen des Ersten Weltkriegs noch einmal ein solches Schlachten und Morden möglich sein sollte. Der Kriegsausbruch, so notierte er fassungslos, steht in schreiendem Widerspruch zum „blauen Himmel über dem Meer" und dem „Zirpen der Zikaden". Camus schaffte es nicht, die heraufziehende Katastrophe mit der Schönheit der Natur gedanklich in Einklang zu bringen:

Der Krieg ist ausgebrochen. Wo ist der Krieg? [...]

> Wo können wir, abgesehen
> von den Nachrichten, die wir
> glauben, von den Anschlägen,
> die wir lesen sollen, die Zeichen
> dieses absurden Ereignisses
> wahrnehmen? [3]

Seine Betroffenheit über das Ereignis des Kriegsaus-
bruchs mag seinen Sinn für das Absurde geschärft haben, doch die Enthüllung der Absurdität des Lebens
hatte bei ihm von Anfang an einen zeitlosen Aspekt.
Es ging Camus letztlich um das philosophische Problem der Sinnsuche in einer unübersichtlichen und
chaotischen Welt. Denn die Welt, die uns umgibt und
in der wir uns bewegen, ist, so Camus, voller Über-
raschungen. Sie lässt sich nie kontrollieren, sie ist
zufällig und irrational. Der Mensch aber, so Camus,
strebt seit jeher in seinem Innersten nach Ordnung.
Er hat Angst vor der Unverfügbarkeit der Zukunft
und will daher am liebsten alles um ihn herum genau
verstehen, logisch erklären und präzise vorhersagen.
Doch die Erfahrung der Unvereinbarkeit von inne-

rem Ordnungsbedürfnis und äußerer Welt führt ihn zwangsweise zum Gefühl der Absurdität:

> Absurd aber ist der Zusammenstoß des Irrationalen mit dem heftigen Verlangen nach Klarheit, das im tiefsten Innern des Menschen laut wird. [4]

Tatsächlich ist das von Camus thematisierte Problem der Orientierungslosigkeit auch heute, über fünfzig Jahre nach seinem Tod, noch aktuell. In Europa und weiten Teilen der westlichen Welt verliert die Religiosität zunehmend an Bedeutung. Immer weniger Menschen glauben an Gott oder ein Weiterleben nach dem Tod. Die sinnstiftende Kraft der Religion scheint verloren zu gehen. Die Menschen stehen heute vor der großen Aufgabe, ihr Leben aus sich selbst heraus zu bewältigen. Da auch die materiellen Utopien einer künftigen klassenlosen Gesellschaft gescheitert sind, stellt sich die Sinnfrage in ihrer ganzen Tragweite.

Wie soll ich leben? Camus gibt uns eine schillernde Antwort. Man muss lernen, mit der Absurdität umzugehen. Man darf das Gefühl des Absurden nicht einfach unterdrücken oder gar abtöten, sondern muss es umgekehrt fördern oder – wie er selbst sagt – „leben lassen":

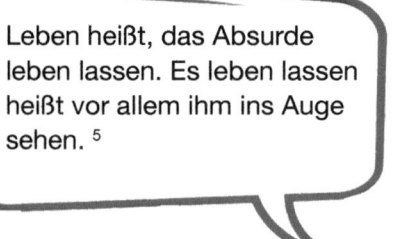

Leben heißt, das Absurde leben lassen. Es leben lassen heißt vor allem ihm ins Auge sehen. [5]

Seine Überlegungen, wie man dem Absurden am besten begegnet und sein Leben ohne Gott und ohne ideologische Orientierung gestalten kann, sind aktueller denn je. Seine große Leistung war deshalb weniger die Entdeckung der absurden Stimmung und der Sinnlosigkeit des Lebens, als die Entdeckung der verschiedenen Möglichkeiten, mit ihr umzugehen.

Camus´ Kerngedanke

Das Gefühl der Absurdität

Das Absurde ist für Camus nicht das Ergebnis einer Überlegung oder einer rationalen Analyse, sondern ein Gefühl, das sich immer dann einstellt, wenn die vertraute alltägliche Routine zusammenbricht:

> Manchmal stürzen die Kulissen ein. Aufstehen, Straßenbahn, vier Stunden Büro oder Fabrik, Essen, Straßenbahn, vier Stunden Arbeit, Essen, Schlafen, Montag, Dienstag, Mittwoch,

> Donnerstag, Freitag, Samstag, immer derselbe Rhythmus – das ist meist ein bequemer Weg. Eines Tages aber erhebt sich das „Warum?", und mit diesem Überdruss, in den sich das Erstaunen mischt, fängt alles an. „Fängt an" – das ist wichtig. [6]

Hat der Mensch nämlich erst einmal angefangen, an der gewohnten Welt zu zweifeln, wird er nie mehr vollständig darin aufgehen können. Die Erfahrung des Absurden wird, wenn sie erst einmal aufgetreten ist, den Menschen nicht mehr loslassen. Die unmittelbare Wahrnehmung der Absurdität kann von einzelnen Gefühlen oder Ereignissen ausgelöst werden. Wenn beispielsweise eine Beziehung zerbricht und man einen Partner verliert, dessen Zuneigung und Liebe man für ewig hielt, kommen schnell auch alle anderen Lebensbezüge ins Wanken. Alles, was einem vor kurzem noch vertraut war, erscheint plötzlich absurd und fremd. Man merkt auf einmal, dass man all das, was man früher für objektiv und wirklich hielt, letztlich nur in die Welt hineininterpretiert hatte:

> Eine Sekunde lang verstehen wir die Welt nicht mehr, denn jahrhundertelang haben wir in ihr nur die Bilder und Gestalten gesehen, die wir zuvor in sie hinein gelegt hatten, und nun fehlen uns die Kräfte, von diesem Kunstgriff Gebrauch zu machen. Die Welt entgleitet uns, da sie wieder sie selbst wird. [7]

Die romantische Altbauwohnung beispielsweise, in der wir mit der geliebten Person so lange gelebt haben, die Restaurants und Plätze, die uns freundlich aufgenommen haben, werden auf einmal wieder das, was sie sind, anonym und teilnahmslos. Die Liebesfilme im Fernsehen kommen uns geheuchelt vor und sogar der romantische Wanderweg und die uns umgebende Natur zeigen plötzlich ihr wahres Gesicht. Die vertraute Natur offenbart nämlich auf einmal ihre Gleichgültigkeit:

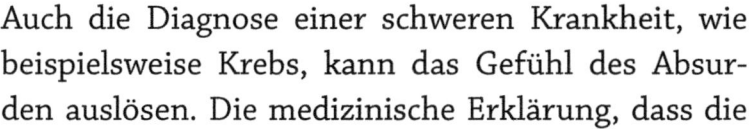

In der Tiefe jeder Schönheit liegt etwas Unmenschliches, und diese Hügel, der sanfte Himmel, die Umrisse der Bäume – sie verlieren im Augenblick den trügerischen Sinn, in den wir sie hüllten, und sie sind von nun an ferner als ein verlorenes Paradies. [8]

Auch die Diagnose einer schweren Krankheit, wie beispielsweise Krebs, kann das Gefühl des Absurden auslösen. Die medizinische Erklärung, dass die

Erneuerung der Körperzellen ein ganz alltäglicher Vorgang ist, dass sich Krebszellen lediglich über den natürlichen Bedarf hinaus unkontrolliert weiter vermehren, ist sinnvoll und anschaulich. Für den betroffenen Menschen aber ist und bleibt dieser Prozess der forcierten Zellteilung eine absurde Zumutung. Man kann die Krankheit einfach nicht in die gewohnte Lebensplanung einordnen, da sie alles in Frage stellt. Das Absurde bedarf aber, wie Camus betont, keineswegs immer einer existenziellen Erschütterung, um urplötzlich in unser Leben zu treten:

Das Gefühl der Absurdität kann an jeder beliebigen Straßenecke jeden beliebigen Menschen anspringen [...]. [9]

Viele kennen beispielsweise das seltsame Gefühl, wenn man von einem Kirchturm auf einen belebten Platz herunterschaut. Die Menschen sehen von weit oben betrachtet nur noch wie kleine schwarze

Punkte aus. Wie Ameisen laufen sie hektisch in unterschiedliche Richtungen, kreuzen dabei ihre Wege und verschwinden irgendwann wieder im Nichts, während bereits wieder andere ihren Platz einnehmen. Aus der Vogelperspektive erscheint dieses emsige Treiben lächerlich, ja geradezu absurd. Obgleich wahrscheinlich jeder dieser Leute auf dem Platz ein wohlüberlegtes Ziel und vielleicht sogar eine ehrgeizige Lebensplanung hat, wirkt diese Betriebsamkeit in der Summe höchst befremdlich und unbedeutend. Würde nämlich einer von ihnen plötzlich nicht mehr dabei sein, etwa weil er tot ist, spielte das keinerlei Rolle. Man würde sein Fehlen in dem ganzen Getümmel nicht einmal bemerken. Von oben aus betrachtet ist die Bewegung des Einzelnen total entbehrlich – irgendwie überflüssig. Die ganze Rastlosigkeit, die gegenläufigen Bewegungen, die scheinbare Austauschbarkeit der Vorhaben und Anlaufpunkte erscheinen sinnlos. All die kleinen Wichtigkeiten und Ziele, welche für jeden einzelnen eine so große Bedeutung haben, wirken aus der Distanz völlig beliebig, relativieren sich auf Null und werden für den Betrachter von Sekunde zu Sekunde absurder.

Die Unheimlichkeit dieser Empfindung des Absurden wird noch durch die Ahnung gesteigert, dass man selbst auch nur eine dieser „Ameisen" ist – ebenso

austauschbar, ebenso unbedeutend, ebenso verzicht-
bar. Man empfindet sich am Ende selbst als bloßen
Punkt, der sich von A nach B bewegt – und sich irgendwann eben nicht mehr bewegt. Camus gibt uns
ein ähnliches Beispiel für das Aufleuchten der Absurdität mitten im Alltag:

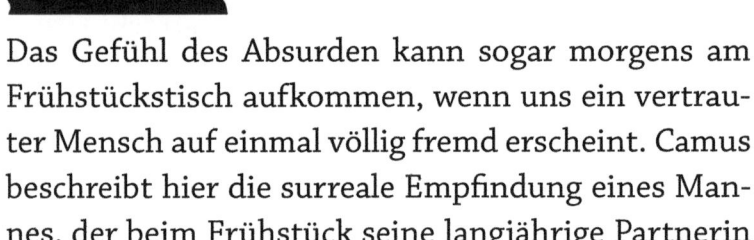

Ein Mensch spricht hinter einer Glaswand
ins Telefon; man hört ihn nicht, man sieht
nur sein sinnloses Mienenspiel: man
fragt sich, warum er lebt. Auch dieses
Unbehagen vor der Unmenschlichkeit des
Menschen selbst, dieser unberechenbare
Sturz vor dem Bilde dessen, was wir sind,
dieser „Ekel", wie ein Autor unserer Tage es
nennt, ist das Absurde. [10]

Das Gefühl des Absurden kann sogar morgens am
Frühstückstisch aufkommen, wenn uns ein vertrau-
ter Mensch auf einmal völlig fremd erscheint. Camus
beschreibt hier die surreale Empfindung eines Man-
nes, der beim Frühstück seine langjährige Partnerin

betrachtet. Irgendwie gelingt es ihm einfach nicht mehr, sie in der gewohnten Art wahrzunehmen. Denn er erinnert sich für einige Augenblicke an die Frau, in die er sich vor vielen Jahren verliebt hatte, die aber jener Frau, die ihm jetzt am Frühstückstisch gegenübersitzt, in gar nichts mehr gleichen will:

Wie es Tage gibt, an denen man unter dem vertrauten Gesicht einer Frau jene andere wie eine Fremde wiederentdeckt, die man vor Monaten oder Jahren geliebt hatte [...]. [11]

Man ist in so einer Situation natürlich erst einmal irritiert und wird schmerzlich daran erinnert, dass einem die eigene Frau fremd geworden ist, dass sie nicht mehr diejenige ist, die sie früher einmal war. Wo ist die Geliebte geblieben? Hat sie sich so verändert? Oder haben wir uns selbst verändert? Warum ist die Stimmung am Frühstückstisch so anders?

Haben wir den Sinn für die Schönheit der Partnerin verloren?

Wie auch immer man sich diese Fragen beantwortet, für einen Augenblick bricht die gewohnte Welt zusammen. Man wollte wie jeden Morgen gemütlich frühstücken, doch anstelle der vertrauten Harmonie ist man – und sei es auch nur für einen kurzen Moment – auf die Fremdheit und Absurdität des Lebens gestoßen, in der alles aus den Fugen gerät. Das Absurde kann uns für einen kurzen Moment, aber auch über einen längeren Zeitraum erfassen und sogar zur inneren Gewissheit werden. Camus spricht deshalb nicht nur vom Gefühl, sondern an vielen Stellen auch vom „Klima" der Absurdität. Dieses Klima nistet sich zuerst im Herzen der Menschen ein und wird später zu einer Geisteshaltung:

Das Klima der Absurdität steht am Anfang. Das Ende ist das absurde Universum und jene Geisteshaltung, die die Welt in ihrem eigenen Licht erhellt, um so ihr besonderes und unerbittliches Gesicht aufleuchten zu lassen [...]. [12]

20

In der Regel vermeiden die Menschen die Wahrnehmung des Absurden so gut es irgendwie geht und versuchen, sich ausschließlich in der ihnen vertrauten Welt zu bewegen. Sie geben ihrem Leben einen Sinn und halten sich an Routinen fest. Sie strukturieren ihren Alltag, setzen sich berufliche und private Ziele, für die sie alle möglichen guten Gründe aufzählen können. Dennoch kann das Absurde jederzeit aufbrechen und die Vertrautheit erschüttern:

> Eine Welt, die man – selbst mit schlechten Gründen – erklären kann, ist eine vertraute Welt. Aber in einem Universum, das plötzlich der Illusionen und des Lichts beraubt ist,

> fühlt sich der Mensch fremd [...]. Diese Entzweiung zwischen dem Menschen und seinem Leben, zwischen dem Handelnden und seinem Rahmen, genau das ist das Gefühl der Absurdität. [13]

Die Absurdität entsteht also immer dann, wenn sich der Mensch in seinen Lebensbezügen nicht mehr zurechtfindet. Er fühlt sich dann als Ausgestoßener in einer fremden Welt. Diese Entzweiung ist aber kein Zufall. Sie ereignet sich nach Camus zwangsläufig. Deshalb trifft die Erfahrung des Absurden auch nicht nur einzelne Menschen, sondern uns alle. Jeder von uns erlebt irgendwann den Konflikt mit der Welt, da der Wunsch nach Einheit, Vorhersehbarkeit und Ordnung eine fundamentale Triebkraft des Menschen ist:

Diese Sehnsucht nach Einheit, dieses Verlangen nach Absolutem enthüllt die wesentliche Triebkraft des menschlichen Dramas.[14]

Camus spricht an dieser Stelle von einem „menschlichen Drama", also einer unausweichlichen Katastrophe, in die alle Beteiligten hineinschlittern. Denn einerseits muss die Suche nach dem Sinn unternommen werden, andererseits ist sie zum Scheitern verurteilt, da die Welt letztlich chaotisch, unvorhersehbar und irrational ist. Unser Leben ist tausend Zufällen ausgesetzt. Krankheiten, Unfälle, Klimakatastrophen,

Begegnungen, verpasste oder ergriffene Gelegenheiten stehen in ständigem Widerspruch zum Wunsch nach Ordnung und Vorhersehbarkeit:

> Diese Evidenz ist das Absurde. Es ist die Entzweiung zwischen dem begehrenden Geist und der enttäuschenden Welt [...].[15]

Die Entzweiung zwischen dem ordnungssuchenden Geist und der enttäuschenden Welt ist nach Camus unvermeidbar und erzeugt das Klima der Absurdität:

> An sich ist diese Welt nicht vernünftig – das ist alles, was man von ihr sagen kann. Absurd aber ist der Zusammenstoß des Irrationalen mit dem heftigen Verlangen nach Klarheit, das im tiefsten Innern des Menschen laut wird.[16]

Das Klima der Absurdität entsteht also aus dem Aufeinanderprallen von rationalem Ordnungsbedürfnis und irrationaler Welt. Das Gefühl des Absurden wird zusätzlich durch die Gewissheit verschärft, sterben zu müssen. Der unausweichliche Tod stellt alle unsere Bemühungen, das Leben sinnvoll zu gestalten, in Frage. Deshalb, so Camus, verdrängen viele Menschen diese Tatsache so lange es nur geht. Junge Menschen denken ohnehin nicht an den Tod und leben so, als würden sie ewig leben. Doch auch sie erwachen irgendwann aus ihrer Illusion und erkennen, dass sie schicksalhaft an einen vergänglichen Körper gebunden sind, denn, so Camus:

Es kommt gleichwohl ein Tag, da stellt der Mensch fest oder sagt, dass er dreißig Jahre alt ist. Damit beteuert er seine Jugend. Zugleich aber situiert er sich im Verhältnis zur Zeit. Er nimmt in ihr seinen Platz ein. [...] Er gehört der Zeit, und bei jenem Grauen, das ihn dabei packt, erkennt er seinen schlimmsten Feind. [...] Dieses Aufbegehren des Fleisches ist das Absurde. [17]

Nichts steht der menschlichen Natur und unserem Lebenswillen so sehr entgegen wie der Tod. Wir werden geboren und wollen leben, wir sind frei und doch zum Tode verurteilt. Der Tod zwingt die Menschen, das Unfassbare zu akzeptieren, nämlich die Begrenztheit und Absurdität all seiner Anstrengungen auf der Erde. Egal was für fantasievolle und großartige Projekte wir auch verwirklichen wollen, irgendwann müssen wir vernünftig werden und uns eingestehen, dass alles nur Stückwerk ist:

Auch der Verstand sagt mir also auf seine Weise, dass diese Welt absurd ist.[18]

Camus kommt zu dem Schluss, dass das Gefühl der Absurdität des menschlichen Lebens eine nachvollziehbare und unhintergehbare Tatsache ist. Viele Menschen versuchen dennoch, diese Tatsache zu verdrängen. Wer aber ehrlich zu sich selbst ist, wird das Ausgeliefertsein an die Absurdität anerkennen.

Selbstmord als Flucht aus der Absurdität

Wenn das Leben tatsächlich keinen Sinn hat, stellt sich die Frage, ob wir uns der Sinnlosigkeit nicht einfach entziehen sollten, indem wir unserem Leben ein Ende setzen. Camus stellt diese Frage gleich zu Beginn seiner Untersuchung. Der erste Satz seines berühmten Buches „Der Mythos des Sisyphos" lautet:

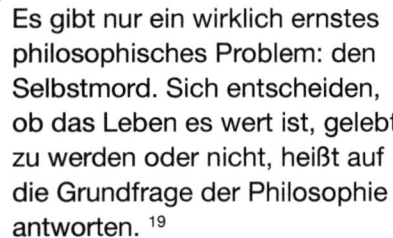

Es gibt nur ein wirklich ernstes philosophisches Problem: den Selbstmord. Sich entscheiden, ob das Leben es wert ist, gelebt zu werden oder nicht, heißt auf die Grundfrage der Philosophie antworten. [19]

Die Frage gewinnt noch an Brisanz, wenn man fordert, dass Denken und Handeln eines Menschen übereinstimmen sollten. Ein Denker, der zu der Erkenntnis gekommen ist, dass das Leben sinnlos und absurd ist, müsste daraus eigentlich auch die entsprechend radikale Konsequenz ziehen:

> Man kann den Grundsatz aufstellen, bei einem aufrichtigen Menschen werde das Handeln von dem bestimmt, was er für wahr hält. Der

> Glaube an die Absurdität des Lebens muss demnach sein Verhalten leiten. Mit berechtigter Neugier mag man sich fragen, offen und ohne falsches Pathos, ob ein derartiger Schluss verlangt, eine unverständliche Lage so rasch wie möglich aufzugeben. [20]

Camus stellt sich an dieser Stelle selbst die Frage, ob er als philosophischer Vertreter der Absurdität nicht logischerweise seinem Dasein ein Ende bereiten müsste. Er kommt aber nach eingehender Überlegung zu dem Ergebnis, dass der Selbstmord nur scheinbar eine Auflehnung gegen die Absurdität darstellt:

> Man könnte meinen, der Selbstmord folge der Auflehnung. Aber zu Unrecht. Denn er ist nicht ihr logischer Abschluss. [21]

Das Problem der Absurdität würde mit dem Selbstmord nämlich nicht gelöst, sondern nur ausgeblendet. Man gehe der Absurdität lediglich aus dem Weg, anstatt sich mit ihr auseinanderzusetzen. Es sei aber wichtig, so Camus, diese als Herausforderung anzunehmen:

> Eine Erfahrung, ein Schicksal leben heißt: es ganz und gar auf sich nehmen. [...]

[...] Man wird aber dieses Schicksal, von dem man weiß, dass es absurd ist, nicht leben, wenn man nicht alles tut, um vor sich selbst das vom Bewusstsein zu Tage geförderte Absurde aufrechtzuerhalten. [22]

Camus verlangt von den Menschen, sich trotzig gegen die Zumutung der Absurdität aufzulehnen, weiterzuleben und jeden Tag aufs Neue gegen die Sinnlosigkeit zu revoltieren. Selbstmord wäre die vorzeitige und unerlaubte Flucht aus der bewussten Revolte:

Die bewusste Revolte beseitigen heißt dem Problem aus dem Wege gehen. [23]

Das Absurde muss also zugelassen werden. Der Mensch hat sich in einer Revolte, in einer Art Aufstand gegen die Absurdität, aufzulehnen, auch wenn er sie nicht beseitigen kann:

> Leben heißt das Absurde leben lassen. Es leben lassen heißt vor allem ihm ins Auge sehen. [24]

Ins Auge sehen bedeutet für Camus wiederum nicht, die Sinnlosigkeit der Welt passiv hinzunehmen und sich resignierend zurückzuziehen. Im Gegenteil, der Mensch kann und muss versuchen, das Chaos der Welt zu ordnen. Er wird diese Aufgabe zwar niemals befriedigend lösen können und den Erfolg davon tragen, aber er muss es dennoch Tag für Tag versuchen. Es ist seine Pflicht, der Welt eine – freilich nur vorübergehende – Ordnung zu geben und im Alltag Entscheidungen zu treffen. Er muss handeln, auch und gerade dann, wenn er keinen übergeordneten Sinn erkennen kann. Das ist die gelebte Revolte, die Camus von jedem Menschen verlangt. Er beschreibt diesen alltäglichen Kampf als leidenschaftliche Auflehnung gegen die Ungeborgenheit der Welt:

> Diese Auflehnung gibt dem Leben seinen Wert [...]. Es geht darum, unversöhnt und nicht aus freiem Willen zu sterben. Der Selbstmord ist ein Verkennen. Der absurde Mensch hat nur die Möglichkeit, alles auszuschöpfen und sich selbst zu erschöpfen. [25]

So wie der Selbstmord eine physische Flucht darstellt, um sich der Aufgabe zu entziehen, mit der Absurdität zu leben, verhält es sich auch bei der Religion.

Religion – die zweite Flucht

Die Religion verspricht ein Weiterleben im Jenseits. Damit setzt sie genau dort an, wo die Zumutung für den Menschen am größten ist und das Gefühl der Absurdität seinen Gipfel erreicht – beim Tod. Der Glaube ist tatsächlich eine Antwort auf die absurde Realität des Sterbens, indem er Hoffnung auf ein ewiges Leben weckt. Gelingt es erst einmal, die Menschen von der Zumutung des Todes zu befreien, wird das Leben erheblich leichter. Es kann nun als Prüfung und Vorbereitung auf das Jenseits verstanden werden. Die religiöse Sinnstiftung hat aber nach Camus zwei große Nachteile. Zum einen lässt sie sich nicht beweisen, zum anderen beraubt sie den Menschen seiner Würde und seiner Freiheit. Die Religion ist in ihrem Wahrheitsanspruch maßlos, spekulativ und gründet sich auf dem Boden des Unbegreiflichen:

> Sie erlaubt vielleicht, wie man sieht, Hoffnung zu schöpfen [...]. Aber selbst, wenn man durch Sympathie dieser Haltung gewogen ist, muss man dennoch sagen, dass die

Maßlosigkeit nichts rechtfertigt. Das übersteigt, sagt man, jedes menschliche Maß, es muss also übermenschlich sein. Aber dieses „also" ist zuviel. Es gibt hier keinerlei logische Gewissheit. Auch keine experimentelle Wahrscheinlichkeit. [26]

Camus ist überzeugter Existenzialist und Atheist. Er akzeptiert daher keine Fremdbestimmung, die irgendwo außerhalb der menschlichen Existenz angesiedelt ist. Jeder Denker, ob Theologe oder Philosoph, dessen Denken in der Annahme eines übergeordneten Gottes gipfelt, begeht gemäß Camus „philosophischen Selbstmord", da er sich von seiner eigenen Selbstgewissheit verabschiedet. Denn der Mensch hat nach Camus die Pflicht, seine Erkenntnisse nur auf menschliche Weise zu gewinnen:

> Ich weiß nicht, ob diese Welt einen Sinn hat, der über sie hinausgeht. Aber ich weiß, dass ich diesen Sinn nicht kenne und dass es mir vorerst auch nicht möglich ist, diesen Sinn zu erkennen. Was bedeutet mir ein Sinn, der außerhalb meiner conditio liegt? Ich kann nur auf menschliche Weise etwas begreifen. [27]

Es kommt also darauf an, so Camus, sich mit dem zu begnügen, was man als evidente Gewissheit vor Augen hat. Und das sind im wesentlichen zwei Tatsachen, zum einen die bei jedem Menschen vorhandene Sehnsucht nach Sinn, Sicherheit, Ordnung und Planbarkeit der Zukunft. Zum anderen die chaotische, unberechenbare Außenwelt, die uns auf das Rad der Zeit spannt und zum Tode verurteilt. Die Unversöhnlichkeit unseres Wunsches nach Ordnung mit dem strukturellen Chaos der Welt führt zu immer neuen Enttäuschungen und erzeugt das Klima des Absurden.

Mag die Absurdität auch schwer zu ertragen sein, so muss sie doch akzeptiert werden. Und auf dieser Basis – also in Anerkennung der Absurdität – sollten wir versuchen, zu leben, zu handeln und frei zu entscheiden. Der Glaube an Gott wäre eine Verleugnung unserer Freiheit:

> Wir kennen die Alternative: entweder sind wir nicht frei, und der allmächtige Gott ist für das Böse verantwortlich. Oder wir sind frei und verantwortlich, aber Gott ist nicht allmächtig. Alle scholastischen Spitzfindigkeiten haben der Schärfe dieses Paradoxons nichts hinzugefügt und nichts genommen. [28]

Auch hier wird deutlich, dass Camus den Glauben an Gott als Flucht aus der Eigenverantwortung sieht. Die in der christlichen Religion geäußerte These, dass ein absoluter und allmächtiger Gott den Menschen ein Stück Freiheit geschenkt hat, damit sie sich aus freiem Willen zum Guten oder Bösen entscheiden können, lehnt Camus ab:

Ich verstehe nicht, was eine Freiheit sein kann, die mir von einem höheren Wesen geschenkt wird. Ich habe den Sinn für Hierarchie verloren. [29]

Ideologie – die dritte Flucht

Fassen wir zusammen: Der Selbstmord ist als Reaktion auf die Absurdität des Lebens unzulässig, da er das Problem des Absurden nicht löst, sondern ihm ausweicht. Der religiöse Glaube an einen göttlichen Sinn der Welt ist ebenfalls unzulässig, da er zwar der Absurdität des Todes seinen Schrecken nimmt, aber letztlich auch nur eine Flucht aus der Eigenverantwortung des Menschen ist. Der dritte und letzte Versuch, der Absurdität zu entkommen, ist die politische Utopie beziehungsweise der Entwurf einer zukünftigen Idealgesellschaft, von der aus betrachtet unsere absurde Gegenwart als Übergangsphase interpretiert werden kann.

Camus kritisiert alle großen politischen Ideologien, die den Menschen einen paradiesischen Zustand versprechen. Egal ob es sich dabei um ein 1000-jähriges großgermanisches Reich oder eine klassenlose kommunistische Gesellschaft handelt, immer wird den Menschen ein zukünftiges, erst noch zu erreichendes Ziel vorgegeben, das dann alle erdenklichen Opfer in der Gegenwart rechtfertigt. In Wirklichkeit aber, so Camus, hat die Geschichte kein Ziel und auch keinen erkennbaren Sinn. Und selbst wenn es ein Ziel gäbe, könnte niemand mit Sicherheit sagen, worin es bestünde. Alle Politiker, Parteiführer und Ideologen, die hartnäckig behaupten, das Endziel der Geschichte zu kennen, lügen entweder oder sind verblendet. In der Setzung eines Ziels, das unser Leben überschreitet, haben Religion und Ideologie einen gemeinsamen Kern:

Die Hoffnung auf ein anderes Leben, das man sich „verdienen" muss, oder die Betrügerei jener, die nicht für das Leben selbst leben, sondern für irgendeine große Idee, die das Leben überschreitet, es sublimiert, ihm einen Sinn gibt und es verrät. [30]

37

Eine Geschichtsphilosophie, die den Sinn des Lebens vorschreibt, ist nichts anderes als ein Verrat am wirklichen Leben. Camus zerstritt sich wegen dieser These mit seinem Freund Sartre. Dieser war als linksintellektueller Denker marxistisch orientiert und hielt die klassenlose kommunistische Gesellschaft durchaus für ein historisches Ziel, das man aus der wirtschaftlichen Entwicklung herleiten könne. Camus dagegen kritisierte die damalige kommunistische Terrorherrschaft scharf:

Die Revolution des 20. Jahrhunderts behauptet [...], sich auf die Wirtschaft zu stützen, und ist doch in erster Linie eine Politik und eine Ideologie. Sie kann aufgrund ihrer Funktion den Terror nicht vermeiden und die Gewalttätigkeit gegenüber der Realität. Trotz ihrer Behauptungen geht sie vom Absoluten aus, um die Wirklichkeit zu formen. [31]

Einen absoluten Endpunkt in der Geschichte zu propagieren, sei nichts anderes als eine religiöse Heilslehre, mit dem einzigen Unterschied, dass diesmal der Sinn des Lebens nicht aus einem spekulativen Erlösungsglauben, sondern aus einer spekulativen Geschichtsinterpretation komme. Ein aufrichtiger Mensch dürfe sich aber der Erkenntnis der Absurdität weder durch Selbstmord, noch durch Religion, noch durch Ideologie entziehen. Alle drei Versuche, der Absurdität zu entkommen, sind unzulässig, denn die Absurdität ist ein fundamentaler Lebensumstand:

In diesem Zustande des Absurden muss man leben. [32]

Jetzt nähern wir uns dem Kern von Camus´ Philosophie. Er fordert uns tatsächlich auf, eine neue Haltung zu entwickeln, die es uns ermöglicht, im Klima der Absurdität zu existieren.

Aufrichtigkeit angesichts der Absurdität

Man muss die Stimmung des Absurden festhalten und kultivieren. Wenn sich dann das Klima der Absurdität verdichtet, stehen wir vor der alles entscheidenden Frage:

> Soll man sterben, durch Sprung entfliehen, ein Gebäude von Ideen und Formen nach seinem Maß errichten? Oder soll man im Gegenteil auf die zerstörende und wunderbare Wette des Absurden eingehen? Machen wir noch eine letzte

> Anstrengung, und ziehen hier unsere Schlussfolgerungen! Der Körper, die Zärtlichkeit, die Schöpfung, die Tätigkeit, der menschliche Adel werden dann ihren Platz in dieser sinnlosen Welt wieder einnehmen.[33]

Wenn der Mensch also auf die Wette des Absurden eingeht und alles darauf setzt, angesichts der Sinnlosigkeit weiterzumachen, gibt er letztlich dem entwerteten Leben seine Würde zurück. Er kann dabei sogar glücklich werden:

Ist die Absurdität erst einmal erkannt, dann wird sie zur Leidenschaft, zur ergreifendsten aller Leidenschaften. [34]

Der aufgeklärte absurde Mensch ist also keineswegs ein frustrierter Typ, der apathisch in einer Ecke sitzt und resigniert, sondern ein leidenschaftlicher Kämpfer, der sich durch die Zumutungen des Lebens nicht beirren lässt. Die Herausforderung annehmen, heißt für Camus, entschlossen gegen die Zufälligkeit und das Chaos der Welt anzukämpfen:

Das Absurde hat nur insoweit einen Sinn, als man sich nicht damit abfindet. [35]

41

Hier zeigt sich ein zentraler Angelpunkt in Camus Philosophie. Die Sinnlosigkeit und das Chaos der Welt sind zwar eine Tatsache, ebenso wie unser Wunsch nach Klarheit, Ordnung und Vorhersehbarkeit. Es wäre aber falsch, an diesem Widerspruch zu verzweifeln. Im Gegenteil, an diesem Punkt der Erkenntnis sollte das beginnen, was Camus die tägliche „Revolte" nennt. Der Sinnlosigkeit zum Trotz sollten wir morgens aufstehen, unser Tagwerk verrichten, all unsere Kraft dafür einsetzen, weiterzuleben. Camus beispielsweise hatte selbst zwei Kinder, war ein liebender Familienvater und politisch engagiert. Was aber unterscheidet dann den sogenannten normalen Menschen überhaupt noch vom absurden Menschen, der die Sinnlosigkeit des Daseins verinnerlicht hat? Es ist zum einen die Tatsache, dass derjenige, der einmal die tiefe Erfahrung der Absurdität gemacht hat, diese nicht mehr vergessen kann:

Ein Mensch, dem das Absurde bewusstgeworden ist, bleibt für immer daran gebunden. [36]

Zum anderen lebt der absurde Mensch freier, da er nicht mehr Sklave der Zukunft ist. Er ist zwar denselben Zwängen ausgesetzt wie die anderen, aber er weiß um diese Zwänge. Er erkennt die Absurdität seines eigenen Tuns, lässt sich davon aber nicht entmutigen, sondern bezieht im Gegenteil gerade daraus seine Kraft und Größe:

> Der Mensch wird hier endlich den Wein des Absurden finden und das Brot der Gleichgültigkeit, mit dem er seine Größe speist.[37]

Was will uns Camus konkret damit sagen, wenn er bildhaft vom „Brot der Gleichgültigkeit" spricht? Wie muss man sich die absurde Lebenshaltung vorstellen? Camus verdeutlicht uns den Kern seiner Philosophie am Leben des Sisyphos, einer Figur aus der griechischen Mythologie.

Der Mythos des Sisyphos

Der Dichter Homer beschreibt uns Sisyphos als schillernde Person. Er sei dermaßen lebensfroh, eigensinnig und trickreich gewesen, dass er nicht einmal vor den Göttern Respekt hatte. So wurde er zufällig Zeuge, wie Zeus die hübsche Tochter des Flussgottes Asopos entführte. Als der Flussgott nach einigen Tagen verzweifelt nach seiner Tochter suchte, verriet ihm Sisyphos, wo seine Tochter vom Göttervater Zeus versteckt gehalten wurde. Tatsächlich konnte der Flussgott seine Tochter zurückgewinnen und schenkte Sisyphos dafür eine Wasserquelle für die Burg von Korinth.

Zeus war erbost, dass Sisyphos es wagte, ihn zu verraten. Zur Strafe schickte er Thanatos, den Tod, um Sisyphos zu holen. Doch dem listenreichen Sisyphos gelang es, den Tod betrunken zu machen und so gut zu fesseln, dass seine Macht gebrochen war und er niemand mehr mit sich nehmen konnte. Erst als der Kriegsgott sich wunderte, dass auf dem Schlachtfeld keiner mehr starb, hatte Sisyphos ausgespielt. Denn der Kriegsgott machte sich nun auf die Suche nach dem Tod, befreite diesen von seinen Fesseln und schleppte Sisyphos in die Unterwelt, wo die Götter ihn streng bestraften.

Er muss seitdem bis auf den heutigen Tag eine schwere Felskugel auf den Gipfel eines steilen Berges hinaufschieben, die ihm jedesmal, kurz bevor er oben ankommt, wieder hinunterrollt. Die Götter haben dem eigensinnigen, geschickten und stolzen Sisyphos also eine Aufgabe gegeben, die er niemals lösen kann und deren Sinnlosigkeit ihn für immer quälen soll. Genau diese absurde Situation, dass Sisyphos ein Ziel verfolgen muss, das er letztlich nie erreichen kann, macht ihn für Camus zum leuchtenden Vorbild für all jene, die sich der Absurdität des Lebens bewusst sind:

Sisyphos ist der absurde Held. Ebenso sehr auf Grund seiner Leidenschaften wie seiner Qual.[38]

So vergleicht Camus die Strafe des Sisyphos mit der Situation des modernen Industriearbeiters. Wie Sisyphos seine Kugel jeden Tag den Berg hinaufrollt, muss der Arbeiter am Fließband jeden Tag aufs Neue dieselben Handgriffe verrichten, ohne ein wirkliches Ziel zu sehen oder gar zu einem Ende zu kommen:

> Der Arbeiter von heute arbeitet sein Leben lang an den gleichen Aufgaben, und sein Schicksal ist genauso absurd. Tragisch ist es aber nur in den wenigen Augenblicken, in denen er sich dessen bewusst wird. [39]

Sisyphos hat im Vergleich zum modernen Arbeiter das zusätzliche Problem, dass er sich zu jeder Sekunde der Ausweglosigkeit seines Handelns bewusst ist. Dennoch gibt er nicht auf. Weder verzweifelt er an seiner Aufgabe, noch fleht er bei den Göttern um Gnade. Nein, er entschuldigt sich nicht. Im Gegenteil, er steht zu seinen Taten und zu seinem Leben. Es liegt ihm fern, aufzugeben. Obwohl er um die Vergeblichkeit seiner Handlung weiß, schiebt er den Göttern zum Trotz die Felskugel mit stoischer Gleichgültigkeit nach oben, denn so Camus:

Es gibt kein Schicksal, das durch Verachtung nicht überwunden werden kann [...]. Darin besteht die verborgene Freude des Sisyphos. Sein Schicksal gehört ihm. Sein Fels ist seine Sache. [40]

Sisyphos macht also die fatale Situation, in die er geraten ist, zu seiner eigenen Sache. Indem er sich entschlossen für das permanente Hochrollen der Kugel entscheidet, behält er seine Würde und seinen Stolz. Damit ist Sisyphos für Camus das archetypische Urbild des revoltierenden Menschen, der angesichts der Absurdität des Daseins nicht aufgibt, sondern sein Leben trotzig weiterführt. Deshalb lautet der vielzitierte letzte Satz von Camus´ Abhandlung über den Mythos des Sisyphos:

Wir müssen uns Sisyphos als einen glücklichen Menschen vorstellen. [41]

Die Revolte als Lebenshaltung

Camus verlangt von uns also eine immerwährende Revolte angesichts der Zumutung der Sinnlosigkeit:

Die metaphysische Revolte ist die Bewegung, mit der ein Mensch sich gegen seine Lebensbedingung und die ganze Schöpfung auflehnt. [42]

Konkret bedeutet das, jeden Morgen aufzustehen und ins Büro zu gehen, selbst wenn man – außer der materiellen Entlohnung – keinen sinnvollen Grund dafür erkennen kann. Darüber hinaus hat das Wort „Revolte" bei Camus aber auch noch eine politische und moralische Bedeutung. So ist es wichtig, sich gegen offensichtliches Unrecht zu wehren und Grenzen zu setzen:

Was ist ein Mensch in der Revolte?
Ein Mensch, der nein sagt. [...] Was ist
der Inhalt dieses „Nein"? Es bedeutet
zum Beispiel: „das dauert schon
zu lange", „bis hierher und nicht
weiter", „sie gehen zu weit" und auch
„es gibt eine Grenze, die sie nicht
überschreiten werden". [43]

Die bloße Tatsache, dass wir keinen übergeordneten
Sinn in der Welt erkennen können, bedeutet nicht,
dass wir unpolitisch und passiv bleiben müssen. Camus weist in seinem Buch „Der Mensch in der Revolte" unmissverständlich darauf hin, dass man Unrecht
niemals hinnehmen darf:

Wenn wir vor der Wirklichkeit
nicht fliehen wollen, müssen wir in
ihr unsere Werte finden. [44]

Dieser gedankliche Schritt ist zunächst schwer zu verstehen. Warum geht es Camus jetzt auf einmal um Werte und Gerechtigkeit? Wenn die Welt absurd, unberechenbar und von Zufällen abhängig ist, müsste es doch auch gleichgültig sein, ob es darin gerecht oder ungerecht zugeht. Camus folgt dieser Logik nicht. Er behauptet vielmehr, dass die Erkenntnis des Absurden durchaus mit der Suche nach Werten vereinbar sei. Zwar sei die Welt chaotisch und widersprüchlich, doch hindere das niemanden, in seinem persönlichen Umfeld für die Herstellung von Gerechtigkeit Sorge zu tragen. Denn jeder Mensch, so Camus, hat in sich selbst ein sicheres Gefühl für Recht und Unrecht:

> Er stellt das Prinzip der Gerechtigkeit, die in ihm ist, dem Prinzip der Ungerechtigkeit gegenüber, das er in der Welt wirken sieht. [45]

Wo immer der absurde Mensch Leid erfährt, wird die Revolte zur Pflicht. Allerdings darf er dabei nicht in ideologische Tyrannei verfallen und anderen seine eigenen Vorstellungen von Recht und Gerechtigkeit mit Gewalt aufzwingen.

An dieser Stelle unterscheidet Camus die Revolte von der Revolution. Er verurteilt das kommunistisch revolutionäre Denken als menschenverachtend und kritisiert scharf die Revolution in der Sowjetunion. Der Parteiführer Stalin würde, so Camus, im Namen eines künftigen paradiesischen Endzustandes Tausende von Menschen in der Gegenwart terrorisieren, in Arbeitslager verschleppen und umbringen. Der Mensch in der Revolte hingegen respektiere stets das Leben und kümmere sich um die Nöte der Menschen im Hier und Jetzt. Die Revolte beschränkt sich deshalb auf den persönlich überschaubaren Bereich:

Daher stützt sie sich zuerst auf die konkreteste Wirklichkeit, den Beruf, das Dorf, durch die das Sein, das lebendige Herz der Dinge und der Menschen durchschimmern. [46]

Sartre kritisierte Camus´ Auffassung von der überschaubaren Revolte als zu unpolitisch und harmlos.
Es liege im Wesen der Politik, sich organisieren zu
müssen, um durch eine kollektive Anstrengung mit
langfristigen Zielen weltweit etwas zu erreichen. Camus war zwar selbst als Einundzwanzigjähriger der
kommunistischen Partei Algeriens beigetreten, über-
warf sich aber fünf Jahre später mit der Partei und
trat 1937 wieder aus. Seitdem war er erklärter Gegner
des gewaltsamen Umsturzes. In der Zeitschrift „Les
Temps Modernes" kommt es schließlich zum Bruch
mit Sartre, der den Kommunismus der Sowjetunion
nach wie vor verteidigt. Die Freunde überwerfen sich
und brechen jeden Kontakt zueinander ab. Camus
blieb bei seiner Auffassung: Angesichts der Absurdität der Welt sei es anmaßend, utopische politische
Ziele in einer fernern Zukunft zu definieren. Der moderne Mensch müsse seine Grenzen kennen:

Das wirkliche Drama des revoltierenden
Denkens ist damit angedeutet. Um zu sein,
muss der Mensch revoltieren, doch muss
seine Revolte die Grenze wahren, die sie in
sich selbst findet [...]. [47]

Was nützt uns Camus´ Entdeckung heute?

Mit der Absurdität leben – sich von bürgerlichen Regeln befreien

Camus hat mit dem Klima der Absurdität zweifellos ein Phänomen entdeckt, dem jeder von uns schon einmal begegnet ist. Wahrscheinlich wird es keinen einzigen Menschen geben, der im Verlauf seines Lebens nicht persönlich über kurze oder längere Zeit die Erfahrung des Absurden gemacht hat. Bei Todesfällen von Angehörigen und Freunden oder beim Scheitern einer langjährigen Liebesbeziehung kann schnell die gesamte vertraute Welt wie ein Kartenhaus in sich zusammenstürzen. Man fällt in ein tiefes Loch und muss feststellen, dass das Gefühl von anhaltender Geborgenheit und Sicherheit eine Illusion gewesen war. Die vertraute Welt wird mit einem Mal bedrohlich und kalt. Es klafft ein weiter Riss zwischen unserem Wunsch nach Eingebundenheit und dem tatsächlichen Ausgeliefertsein an die Welt.

Camus tröstet uns insofern, als er dieses Auseinanderklaffen nicht als Versagen oder persönliche Schuld sieht, sondern als Folge der existenziellen Situation des Menschen in der Welt. Der Mensch strebt von seiner Veranlagung her immer nach Sinn und Geborgenheit und muss in regelmäßigen Abständen erfahren, dass es beides nicht gibt. Camus bringt uns die Tatsache nahe, dass dieser Widerspruch im Wesen des Menschen selbst angelegt ist. Da der Mensch seine Welt verstehen will, muss er sie, anders als etwa eine Pflanze, ständig interpretieren:

> Wäre ich Baum unter Bäumen, Katze inmitten der Tiere, dann hätte dieses Leben einen Sinn oder dieses Problem hätte vielmehr keinen, denn ich wäre Teil dieser Welt. [48]

Anders als der Baum muss der Mensch seinen Platz in der Welt erst noch finden. Gemeinsam mit anderen beginnt er von Geburt an, die Welt zu verstehen und sich einzuordnen. So hat er bereits als Kleinkind Wünsche, beginnt Pläne zu schmieden und von einer eigenen Zukunft zu träumen. Als Erwachsener strukturiert er dann vollends seinen Tagesablauf, plant die Woche, den Urlaub, die Hochzeit usw. und versucht, sein Leben in den Griff zu bekommen. Dabei spielen Beziehung, Ehe, Kinder, Beruf und die Wohnsituation eine große Rolle, da sie dem Leben Festigkeit verleihen. Doch dieses angeborene Streben nach Ordnung – und das ist der Kerngedanke von Camus – kommt zwangsläufig über kurz oder lang an seine Grenze. So gut und sinnvoll man sein Leben auch planen mag, es gibt immer wieder Wendungen, Katastrophen, Glücksfälle, Trennungen und Begegnungen, die alle Pläne über den Haufen werfen. Zudem stellt die Tatsache, dass wir am Ende sterben müssen, alle noch so guten Projekte in Frage. Unser Geist strebt nach Ordnung, Beständigkeit und Zukunft, die Welt aber ist chaotisch, unsicher und von Sterblichkeit überschattet:

> Diese Evidenz ist das Absurde. Es ist die Entzweiung zwischen dem begehrenden Geist und der enttäuschenden Welt [...]. [49]

Camus empfiehlt uns, das Absurde nicht zu verdrängen, sondern zuzulassen und sogar bewusst an ihm festzuhalten:

> Wenn ich also an ihm festhalten will, dann nur durch ein beständiges, immer wieder neues, stets angespanntes Bewusstsein. Daran muss ich mich zunächst halten. Mit diesem Augenblick tritt das Absurde, das so evident und gleichzeitig so schwer fassbar ist, ein in das Leben eines Menschen und wird dort heimisch. [50]

Das Absurde sollte also in unserem Leben heimisch werden. Das bedeutet nichts anderes als durchgehend im Bewusstsein der Absurdität zu leben. Auch Sisyphos rollt seine Kugel immer wieder den Berg hinauf, obwohl er genau weiß, dass sie ihm wieder herunterrollen wird. Er könnte aufgeben und resignieren, aber er macht weiter, um den Göttern zu zeigen, dass sie ihn mit ihrer Strafe nicht erniedrigen können. Das ist der eigentliche Sinn der „Revolte", die Camus immer wieder fordert. Der Mensch muss der Absurdität standhalten, gegen sie aufbegehren und sein Leben stolz und aufrecht weiterführen. Wenn in der Frühe der Wecker klingelt, sollte er wie alle anderen Menschen aufstehen, zur Arbeit gehen, Geld verdienen, einkaufen, essen und trinken. Der einzige Unterschied zwischen der normalen und der absurden Lebensführung besteht darin, dass sich der absurde Mensch in jeder Minute seines Lebens der Widersprüchlichkeit seines Daseins bewusst ist. Zudem weiß der absurde Mensch um seine begrenzte Lebenszeit. Diese Einsicht führt aber zu einem tiefen Freiheitsgefühl:

> [...] der absurde Mensch, der ganz und gar dem Tode zugewandt ist (der hier als die offensichtlichste Absurdität verstanden wird), fühlt sich losgelöst von allem, was nicht zu dieser leidenschaftlichen Aufmerksamkeit gehört, die sich in ihm kristallisiert. Er genießt eine Freiheit im Hinblick auf die allgemein anerkannten Regeln. [51]

Der Mensch, der sich auf die Absurdität einlässt und mit der Absurdität lebt, wird sich nur an diejenigen Regeln und Gesetze der Gesellschaft halten, die er selbst für richtig erachtet. Damit schärft Camus unseren Blick für das Wesentliche und will uns ermutigen, unsere eigenen Wege zu gehen. Wer sich nur an das hält, was ihm von Kindheit an gesagt, gelehrt und befohlen wird, ist unfrei und Sklave einer überlieferten Welterklärung. Wer sich aber darauf einlässt, die Absurdität der Welt zu erkennen und mit ihr zu leben, wird nur zu dem stehen, was er selbst im Augenblick für richtig erachtet und kann die ganze Welt daran messen.

Absurde Lebensstile: Schauspieler und Verführer

Was bedeutet das konkret? Wie muss man sich ein Leben vorstellen, das im Bewusstsein ständiger Veränderung und Endlichkeit geführt wird? Camus gibt uns einige anschauliche Beispiele für den „absurden Lebensstil".

Ein Schauspieler beispielsweise kann gar nicht anders, als eine absurde Lebenshaltung einzunehmen, wenn er seinen Beruf professionell ausüben will. Er muss sich immer wieder aufs Neue mit seinen Rollen identifizieren. Das heißt, er muss die von ihm gespielten Figuren in einem schöpferischen Akt zum Leben erwecken. Er versucht, wie die Figur zu fühlen, zu denken, zu handeln und verwandelt sich schließlich komplett in sie. Ist die Aufführung beendet, muss er die Figur sterben lassen, um sich wieder in eine neue Gestalt hineinzuversetzen. Camus interpretiert das folgendermaßen:

> Man braucht nicht viel Einbildungskraft, um zu fühlen, was ein Schauspielerschicksal bedeutet. In der Zeit komponiert er seine Gestalten und reiht sie aneinander. Und ebenfalls in der Zeit lernt er sie beherrschen. Je mehr verschiedene Leben er gelebt hat, um so besser trennt er sich von ihnen. [52]

Ähnlich wie Sisyphos unermüdlich seine Kugel hinaufrollt, obwohl er weiß, dass es vergeblich ist, erweckt auch der Schauspieler mit seiner ganzen Leidenschaft Figuren zum Leben, in dem Bewusstsein,

dass sie trotz aller Lebendigkeit, die er ihnen ein-
haucht, schon nach kurzer Zeit wieder sterben beziehungsweise dem Vergessen anheimfallen:

> Indem er so die Jahrhunderte und die
> Geister durchläuft und den Menschen
> spielt, so wie er sein kann und so wie
> er ist, trifft der Schauspieler sich mit
> jener anderen absurden Figur: dem
> Reisenden. Wie jener schöpft er etwas
> aus und eilt unaufhaltsam weiter. [53]

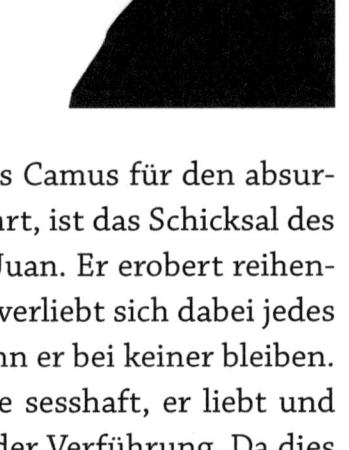

Ein weiteres Beispiel, das uns Camus für den absurden Lebensstil vor Augen führt, ist das Schicksal des
legendären Verführers Don Juan. Er erobert reihen-
weise die Frauenherzen und verliebt sich dabei jedes
Mal aufs Neue. Und doch kann er bei keiner bleiben.
Er heiratet nicht, er wird nie sesshaft, er liebt und
lebt nur für den Augenblick der Verführung. Da dies
nicht den moralischen Regeln der damaligen Zeit

entspricht, wird er von den Behörden und der Kirche verfolgt, was ihn aber nicht von weiteren Eroberungen abhält. Dabei ist sein Lebenswandel gar nicht von besonderer Natur, denn, so Camus:

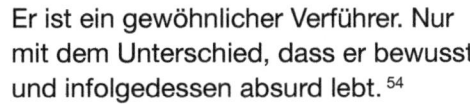

Er ist ein gewöhnlicher Verführer. Nur mit dem Unterschied, dass er bewusst und infolgedessen absurd lebt. [54]

Don Juan lebt aus zwei Gründen absurd. Zum einen vertraut er nur seinem eigenen Gefühl für die Wirklichkeit im Hier und Jetzt und bekennt sich zu seiner Vorstellung von erfüllter Liebe. Die Regeln der Außenwelt erscheinen ihm für sich selbst und seine innere Natur sinnlos. Zum anderen weiß er schon zu Beginn jeder leidenschaftlichen Beziehung, dass er die Erfüllung einer absoluten und ewigen Liebe niemals erreichen wird. Es wäre, so Camus, ein Irrtum, zu glauben, Don Juan sei nur ein Träumer auf der Suche nach der totalen Liebe gewesen und hätte rastlos und verzweifelt immer weiter gesucht, um sie doch noch irgendwann zu finden. Er war sich vielmehr der Vergänglichkeit jeder Liebe bewusst. So hat einmal eine Frau, die hoffte, ihn ganz für sich gewonnen zu haben, entzückt ausgerufen: „Endlich habe ich dir die Liebe geschenkt!" Don Juan antwortete daraufhin lachend: „Endlich? Nein, nur einmal mehr!" Don Juans Liebe ist eine Liebe des intensiven Augenblicks, die er immer wieder aufs Neue suchen muss, so wie Sisyphos seinen Felsblock wieder und wieder nach oben schiebt. Aber deshalb ist seine Liebe nicht schlecht oder unmoralisch, denn so Camus:

Warum sollte man selten lieben, um stark zu lieben? [55]

Don Juan liebt und begehrt jedes Mal aus tiefstem Herzen. Gerade das macht ihn für die Frauen so unwiderstehlich. Da die Liebe für ihn heilig ist, muss er sie immer wieder in ihrer ganzen Intensität erleben, um sie dann wieder zu verlieren. Das, so Camus, macht seine Liebe zu etwas Besonderem:

Großmütig ist nur die Liebe, die sich gleichzeitig vergänglich und einzigartig weiß. All diese Tode und all diese Wiedergeburten sind für Don Juan die Ernte seines Lebens. [56]

Sowohl Don Juan als auch der Schauspieler sind absurde Helden. Denn sie geben sich immer wieder aufs Neue bedingungslos ihrer Leidenschaft hin. Wenn sie eine Frau verführen oder eine Figur authentisch auf die Bühne bringen, fühlen sie sich lebendig, doch wissen sie gleichzeitig, dass sie diese Lebendigkeit nicht bewahren können. Sie entgleitet ihnen von Mal zu Mal und sie müssen wieder von vorne beginnen. Gerade das aber ist ein Sinnbild für ein intensives Leben im Bewusstsein des Absurden.

Das richtige Maß finden

Wie aber können wir zu einer solchen Intensität finden, wenn wir weder Schauspieler noch Verführer sind?

Betrachtet man die von Camus aufgezeigten absurden Lebensstile sowie seine Aufforderung zur ständigen Revolte, ergibt sich als Konsequenz eine auf den Augenblick beziehungsweise die Gegenwart gerichtete entschlossene Lebenshaltung. Man muss zu seiner Leidenschaft stehen. Dies kann durchaus auch ein politisches Engagement sein. Das Machbare muss getan, ideologische Erlösungsgedanken müssen verworfen werden. Deshalb stellt Camus gleich an den Anfang seines philosophischen Hauptwerkes das richtungsweisende Zitat des römischen Dichters Pindar:

Liebe Seele, trachte nicht nach dem ewigen Leben, sondern schöpfe das Mögliche aus. [57]

Im Alltag hat sich der Mensch angesichts der Absurdität zu bewähren. Dabei sollte er gemäß Camus den mittleren Weg finden, einen Weg zwischen totaler Ausschweifung und stoischer Hingabe an den Tod. Die Tatsache, dass wir alle irgendwann sterben, darf aber nicht dazu führen, dass wir aus Panik, dies könnte unser letzter Tag sein, alles rücksichtslos egoistisch auskosten, was die Welt an Reizen und Genüssen zu bieten hat. Umgekehrt macht es aber auch keinen Sinn, seinen Lebensentwurf auf eine Zukunftsvision hin auszurichten, die sich vielleicht nie einstellen wird und deren tatsächlicher Nutzen nicht einmal abschätzbar ist. Es gilt bei aller Leidenschaft, das richtige Maß zu finden:

Um zu sein, muss der Mensch revoltieren, doch muss seine Revolte die Grenze wahren, die sie in sich selbst findet [...]. [58]

Das Motto des absurden Menschen lautet deshalb weder „carpe diem!" noch „Denke immer an die Zukunft!". Beides widerspricht nach Camus der guten mediterranen Lebenshaltung des goldenen Mittelwegs. Nehmen wir als Beispiel die Altersvorsorge. Natürlich macht es Sinn, für ein Leben im Alter vorzusorgen, aber es macht keinen Sinn, nur noch für die Rente zu leben und alles auf diese Lebensphase auszurichten. Mit der Absurdität leben, heißt für Camus, die Undurchschaubarkeit unserer Existenz zum Anlass zu nehmen, im direkten Umfeld das zu tun, was uns gerecht und gut erscheint. Die permanente Revolte muss Teil unseres Lebens sein. Das ständige Aufbegehren gegen Ungerechtigkeit gehört zum absurden Lebensstil ebenso wie die intensive und lustvolle Hingabe an den Augenblick.

Gelassenheit angesichts der Unvorhersehbarkeit des Lebens

Wenn tatsächlich, wie Camus immer wieder betont, in der Welt die Zufälligkeit regiert und unser Leben immer auch von einer Kette unvorhersehbarer Umstände geprägt ist, und wenn zudem kein höherer Sinn erkennbar ist, der diese Umstände in wichtige und unwichtige ordnet, dann sind auch alle Erfahrungen gleich viel wert. Tatsächlich vertritt Camus konsequenterweise die Auffassung, dass alle Lebenserfahrungen gleichwertig sind und somit nicht die

Qualität einzelner Erfahrungen, sondern nur die Quantität eine Rolle spielt. Somit ist ein langes Leben einem kurzen vorzuziehen:

Denn das Absurde lehrt einerseits, dass alle Erfahrungen gleichgültig sind, andererseits spornt es an zur größten Quantität von Erfahrungen. [59]

Deshalb kann auch ein sehr erfülltes, aber kurzes Leben niemals den ungeheuren Erfahrungsschatz eines langen Lebens ausgleichen:

Keine Tiefe, keine Emotion, keine Leidenschaft und kein Opfer können demnach in den Augen des absurden Menschen (selbst wenn er es wünschte) ein bewusstes Leben von vierzig Jahren und eine sechzig Jahre während Klarheit einander gleichwertig machen. [60]

Ein langes Leben ist daher in jedem Fall eine Bereicherung, so wie umgekehrt ein früher Tod eine enorme Einbuße bedeutet, denn, so Camus:

> Für Schauspieler wie für den absurden Menschen ist ein vorzeitiger Tod irreparabel. Nichts kann all die Gesichter und Jahrhunderte aufwiegen, die er sonst gekreuzt hätte. [61]

Es mutet nach wie vor tragisch an, dass Camus, der an vielen Stellen seines Werkes die Bedeutung eines langen Lebens pries, selbst vorzeitig und abrupt mit 46 Jahren bei einem Autounfall zu Tode kam.

Sein Tod ist bis heute mysteriös, nicht etwa weil die Umstände seines Todes unklar wären – im Gegenteil, man kennt den Hergang sehr genau – sondern, weil dabei eine Reihe von absurden Zufällen die entscheidende Rolle spielten. Camus verbrachte Weihnachten im Kreise der Familie in seinem Landhaus in der Provence. Da seine beiden Kinder wieder in die Schule mussten, wollte er am 2. Januar 1960 mit ihnen und seiner Frau nach Paris zurückkehren. Er hatte bereits die vier Zugfahrkarten gekauft, als ihn überraschend die Familie seines Verlegers Gallimard besuchte. Gallimard überredete Camus, mit ihnen zusammen zwei Tage später im Auto nach Paris zu fahren und seine Frau und die Kinder im Zug vorausfahren zu lassen. Camus willigte zögerlich ein. Zwei Tage später saß er auf dem Beifahrersitz neben Gallimard, der am Steuer war. Der Wagen kam auf der Fahrt nach Paris von der Fahrbahn ab und zerschellte an einer Platane. Camus und der Verleger starben. Madame Gallimard und ihre Tochter wurden von der Rückbank aus dem Auto geschleudert und blieben wie durch ein Wunder unverletzt. In Camus Tasche fand man noch am Unfallort sein eigenes unbenütztes Zugticket. Bereits Jahre zuvor schreibt Camus:

> Der Mensch hat nicht die Wahl. Das Absurde und der Zuwachs an Leben, den es mit sich bringt, *hängen also nicht vom Willen des Menschen ab*, sondern von seinem Gegenteil, dem Tod. Wenn ich die Worte richtig bedenke, ist alles einzig und allein eine Sache des Glücks.[62]

Was nützen uns Camus´ Gedanken über das Absurde also heute noch? Die Frage ist schwer zu beantworten. Er empfiehlt ein langes Leben, schreibt aber auch, dass wir dies nicht selbst beeinflussen können. Angesichts der Unvorhersehbarkeit und Absurdität des Lebens legt er uns Gelassenheit und maßvolle Lebensführung nahe. Andererseits verweist er auf die Intensität und Leidenschaftlichkeit des absurden Helden Don Juan und fordert uns zur ständigen Revolte auf. Camus' Philosophie des Absurden bleibt bis heute schillernd und setzt unterschiedliche Akzente. Was können wir für unser modernes Leben übernehmen? Wo hat er recht?

Bleiben wir beim Bild des Sisyphos. Camus hat zweifellos eine unbequeme Wahrheit erkannt und zu Tage gefördert; der moderne Mensch ist tatsächlich in vielerlei Hinsicht mit einer Sisyphos-Situation konfrontiert. Er muss jeden Tag aufs Neue seine Pflicht tun und den Alltag bewältigen, ohne sich über den Sinn seines Lebens wirklich im Klaren zu sein. Die meisten Menschen glauben heutzutage nicht mehr an Gott, an die Heiligkeit des Vaterlandes oder an politische Visionen. Angesichts dieser Haltlosigkeit hat die moderne Gesellschaft eine strukturelle Sinnkrise zu bewältigen. Hinzu kommen noch Wirtschafts-, Finanz-, und Umweltkatastrophen, die bei den Menschen zunehmend auch das Vertrauen in ihre materielle Sicherheit erschüttern.

Insofern ist Camus′ Diagnose der Absurdität nach wie vor aktuell. Seine große Leistung liegt aber in der Entdeckung der Chancen, die sich daraus ergeben. So kann das Ende der Sinnstiftung durch Kirche und Politik auch als Befreiung gesehen werden. Durch den Wegfall der religiösen und politischen Bevormundung des Christentums, Nationalismus und Kommunismus sind erstmals Millionen Menschen in die Lage versetzt, aus eigenen Impulsen heraus ihre Welt zu verstehen und zu gestalten. Diese Chance sollten wir ergreifen. Denn jeder Mensch kann, und das ist das eigentliche Vermächtnis von Camus, in einer täglichen Revolte an einer gerechteren Welt mitarbeiten. Auch wenn das Universum gemäß Camus ein unverstandenes Mysterium bleibt und wir das Ende unserer wiederkehrenden Anstrengungen nicht absehen können, handelt es sich dabei doch um eine lohnende Aufgabe:

Wir müssen uns Sisyphos als einen glücklichen Menschen vorstellen.[63]

Zitatverzeichnis

1   Zitat, Albert Camus, Der Mythos des Sisyphos,
     Deutsch und mit einem Nachwort von Vincent von Wroblewsky,
     Rowohlt Taschenbuch Verlag, Reinbek bei Hamburg 2000, S. 20,
     im Folgenden zitiert als „Mythos"
2   Zitat, Mythos S. 56
3   Zitat, Mythos S. 185
4   Zitat, Mythos S. 33
5   Zitat, Mythos S. 72
6   Zitat, Mythos S. 22 f.
7   Zitat, Mythos S. 24
8   Zitat, Mythos S. 24
9   Zitat, Mythos S.20
10   Zitat, Mythos S. 25
11   Zitat, Mythos S. 25
12   Zitat, Mythos S. 22
13   Zitat, Mythos S. 14
14   Zitat, Mythos S. 28
15   Zitat, Mythos S. 67
16   Zitat, Mythos S. 33
17   Zitat, Mythos S. 23 f.
18   Zitat, Mythos S. 32
19   Zitat, Mythos S. 11
20   Zitat, Mythos S. 15
21   Zitat, Mythos S. 73
22   Zitat, Mythos S. 72
23   Zitat, Mythos S. 72
24   Zitat, Mythos S. 72
25   Zitat, Mythos S. 73 f.
26   Zitat, Mythos S. 55 f.
27   Zitat, Mythos S. 69
28   Zitat, Mythos S. 75
29   Zitat, Mythos S. 75
30   Zitat, Mythos S. 17

31   Zitat, Albert Camus, Der Mensch in der Revolte,
      Essays, Aus dem Französischen von Justus Streller,
      bearbeitet von Georges Schlocker unter Mitarbeit von Francois Bondy,
      Rowohlt Taschenbuch Verlag, Reinbek bei Hamburg 2009, S. 335 f.,
      im Folgenden zitiert als „Revolte"
32   Zitat, Mythos S. 56
33   Zitat, Mythos S. 71
34   Zitat, Mythos S. 34
35   Zitat, Mythos S. 46
36   Zitat, Mythos S. 46
37   Zitat, Mythos S. 71
38   Zitat, Mythos S. 156
39   Zitat, Mythos S. 157
40   Zitat, Mythos S. 158 f.
41   Zitat, Mythos S. 160
42   Zitat, Revolte S. 35
43   Zitat, Revolte S. 21
44   Zitat, Revolte S. 30
45   Zitat, Revolte S. 35
46   Zitat, Revolte S. 336
47   Zitat, Revolte S. 30
48   Zitat, Mythos S. 70
49   Zitat, Mythos S. 67
50   Zitat, Mythos S. 70
51   Zitat, Mythos S. 78
52   Zitat, Mythos S. 109 f.
53   Zitat, Mythos S. 104
54   Zitat, Mythos S. 96
55   Zitat, Mythos S. 93
56   Zitat, Mythos S. 98
57   Zitat, Mythos S. 8
58   Zitat, Revolte S. 30
59   Zitat, Mythos S. 82
60   Zitat, Mythos S. 83
61   Zitat, Mythos S.109
62   Zitat, Mythos S. 83
63   Zitat, Mythos S. 160

In dieser Reihe erschienen:

Walther Ziegler
Camus in 60 Minuten
2. Auflage: Juli 2015
84 Seiten, Paperback, € 9,99
ISBN 978-3-7347-8170-4

Walther Ziegler
Freud in 60 Minuten
2. Auflage: Juli 2015
96 Seiten, Paperback, € 9,99
ISBN 978-3-7347-8024-0

Walther Ziegler
Hegel in 60 Minuten
2. Auflage: Juli 2015
128 Seiten, Paperback, € 9,99
ISBN 978-3-7347-8128-5

Walther Ziegler
Heidegger in 60 Minuten
2. Auflage: Juli 2015
108 Seiten, Paperback, € 9,99
ISBN 978-3-7347-8169-8

Walther Ziegler
Kant in 60 Minuten
2. Auflage: Juli 2015
144 Seiten, Paperback, € 9,99
ISBN 978-3-7347-8172-8

Walther Ziegler
Marx in 60 Minuten
2. Auflage: Juli 2015
112 Seiten, Paperback, € 9,99
ISBN 978-3-7347-8154-4

Walther Ziegler
Platon in 60 Minuten
2. Auflage: Juli 2015
112 Seiten, Paperback, € 9,99
ISBN 978-3-7347-8158-2

Walther Ziegler
Rousseau in 60 Minuten
2. Auflage: Juli 2015
112 Seiten, Paperback, € 9,99
ISBN 978-3-7347-2555-5

Walther Ziegler
Sartre in 60 Minuten
2. Auflage: Juli 2015
116 Seiten, Paperback, € 9,99
ISBN 978-3-7347-8156-8

Walther Ziegler
Smith in 60 Minuten
2. Auflage: Juli 2015
100 Seiten, Paperback, € 9,99
ISBN 978-3-7347-8157-5

Große Denker in 60 Minuten

Sämtliche Bücher der Reihe sind auch
gebunden als Hardover im gleichen
Verlag erschienen.

Demnächst in dieser Reihe:

Walther Ziegler
Adorno in 60 Minuten

Walther Ziegler
Arendt in 60 Minuten

Walther Ziegler
Bacon in 60 Minuten

Walther Ziegler
Descartes in 60 Minuten

Walther Ziegler

Foucault
in 60 Minuten

Walther Ziegler
Foucault in 60 Minuten

Walther Ziegler

Habermas
in 60 Minuten

Walther Ziegler
Habermas in 60 Minuten

Walther Ziegler

Hobbes
in 60 Minuten

Walther Ziegler
Hobbes in 60 Minuten

Walther Ziegler

Nietzsche
in 60 Minuten

Walther Ziegler
Nietzsche in 60 Minuten

Walther Ziegler
Popper in 60 Minuten

Walther Ziegler
Rawls in 60 Minuten

Walther Ziegler
Schopenhauer in 60 Minuten

Walther Ziegler
Wittgenstein in 60 Minuten

Der Autor:

Dr. Walther Ziegler hat Philosophie, Geschichte und Politik studiert. Als Auslandskorrespondent, Reporter und Nachrichtenchef des Fernsehsenders ProSieben produzierte er Filme auf allen Kontinenten. Seine Reportagen wurden mehrfach preisgekrönt. Seit 2007 bildet er in München junge TV-Journalisten aus und leitet die Medienakademie auf dem Gelände der Bavaria Film, eine Hochschulbildungseinrichtung für Film- und Fernsehstudiengänge. Er ist zugleich Autor zahlreicher philosophischer Bücher. Als langjährigem Journalisten gelingt es ihm, das komplexe Wissen der großen Philosophen spannend und verständlich darzustellen.